RÉFLEXIONS
D'UN MANUFACTURIER,

SUR

QUELQUES PRINCIPES DE CRÉDIT PUBLIC,

ET

SUR LE PROJET DE REMBOURSEMENT.

A PARIS,

CHEZ ANTHe. BOUCHER, IMPRIMEUR-LIBRAIRE,
RUE DES BONS-ENFANS, No. 34,
ET CHEZ LES MARCHANDS DE NOUVEAUTÉS.

1824.

RÉFLEXIONS
D'UN MANUFACTURIER
SUR
QUELQUES PRINCIPES DE CRÉDIT PUBLIC
ET
SUR LE PROJET DE REMBOURSEMENT.

Le ministre des finances, n'a fait qu'annoncer l'intention et la possibilité où il était de rembourser aux créanciers de l'Etat, le montant intégral des 140,000,000 de rentes, qu'il appelle rentes mobilisées, ou de donner à leur choix, aux porteurs d'inscriptions de ces rentes, de nouvelles inscriptions portant rente à 3 pour 100, au lieu de 5 pour 100, pour lesquelles ils paieraient 75 fr., et seraient reconnus de 100 fr. de capital.

Cette simple intention manifestée par le ministre, a excité dans Paris une grande rumeur, ce remboursement paraissant devoir froisser beaucoup d'intérêts particuliers. Il n'est question que de cette mesure dans tous les cercles : les uns s'appitoyent sur le sort des petits rentiers ; les autres voyent la moralité blessée dans ce remboursement ; on élève des doutes sur sa légalité.

Je ne prétends point défendre ici un projet dont le ministre n'a pas encore fait connaître les dispositions, et sur lequel il a dit vouloir consulter les chambres.

Je me bornerai à examiner dans ce projet sous quel rapport son exécution est susceptible d'améliorer l'état actuel de l'agriculture, du commerce et de l'industrie, et j'espère démontrer que sa réalisation, telle au moins que je la conçois, peut être d'une influence très grande sur le système commercial et industriel de la France.

Pour arriver au but que je me propose, je dois d'abord entrer dans les grandes considérations de crédit public, qui ne sont peut-être pas assez senties en France, parce que l'on ne s'en est pas assez occupé. Je baserai mon travail sur des vérités incontestables pour tous ceux qui ont étudié l'économie politique, ou même qui voudront prendre la peine de raisonner.

Je vais entreprendre de prouver que le projet du remboursement des rentes doit, suivant toutes les apparences, concourir à relever le commerce, l'agriculture et l'industrie qui languissent depuis quatre ans, faute des moyens qui les font prospérer ; car ces trois branches de la prospérité de tous les états, ne peuvent prendre essor ou se soutenir que par la faculté sans cesse renaissante de trouver de l'argent, et de le trouver à un intérêt modique. Ce n'est pas assez que chacune de ces branches soit capable de produire beaucoup, il faut encore que les produits soient tenus après coup par des capitalistes d'un autre ordre, et qui puissent les garder jusqu'au moment où ils entrent dans les mains du marchand débitant, et de là au consommateur. La spéculation des rentes, le haut intérêt de l'argent, des bénéfices que certains joueurs ont faits dans les fonds, ont porté à la bourse la presque totalité des fonds disponibles de toute la France. De-là est provenu l'engorgement des manufactures, l'obligation de rétrécir toutes les opérations du travail. De-là, tous les produits territoriaux et industriels se sont dégradés. Cela est si vrai pour l'agriculture, que les fermiers regardent comme une calamité une bonne récolte. Le remboursement proposé va présenter ces deux effets principaux: augmentation du capital dû par l'Etat, diminution d'intérêt d'argent: c'est en partant de ces deux effets, qui vont devenir pour moi des principes d'une action nouvelle, que je vais tâcher de démontrer, que si le remboursement des rentes froisse momentanément des intérêts, il ouvre en même temps à tous une nouvelle carrière d'autant plus belle, que plus les capitaux s'y porteront, et plus il y a de raisons de croire qu'elle prospèrera. On conçoit que je veux parler de la carrière du commerce et de l'industrie, où il y a beaucoup à faire encore avant d'arriver au point, non de rivaliser l'Angleterre qui a en avance sur nous un siècle de prospérité, mais au moins pour marcher sur ses traces. Il ne faut pas croire, que la prospérité de ce pays tienne à une grande complication de moyens ou à des avantages surnaturels de localité. Pour moi, je suis surpris de leur simplicité; et si le lecteur non prévenu veut prendre la peine de lire ou de suivre l'énoncé des principes qui ont servi à former mon opinion, il demeurera convaincu, j'espère, que la France ne peut arriver à une prospérité réelle que par l'Etat de choses dans lequel on va entrer.

Le travail est la source de toute production.

De la surabondance de la production naît l'économie. La richesse est le résultat de l'économie, et c'est la richesse relative d'un pays qui fait sa force et sa puissance.

Il n'y a point de travail qui ne suppose un salaire.

Ce salaire devient donc cause du travail, et se paye ou par la production elle-même, ou par un signe susceptible de procurer toutes les productions.

Chez les peuples civilisés ce signe est en or, en argent ou en cuivre. Production lui-même d'un travail antérieur, ce signe devient, par le consentement général des hommes, cause de tout travail, par conséquent cause de toutes productions, de toute économie, de toutes richesses; de ce signe émanent la force et la puissance d'une nation.

C'est donc en raison directe de sa population et de son numéraire, ou de ce qui en tient lieu, que s'établissent la force et la puissance d'un Etat. Mais ce signe n'est pas toujours aussi abondant dans un temps que dans un autre : il est plus ou moins actif suivant les circonstances; quelquefois même il disparaît entièrement, comme il arrive quand l'ennemi est aux portes et qu'on craint l'invasion, dans les temps de révolutions ou même quand le gouvernement prend des mesures en finances qui contrarient l'intérêt des peuples, et par conséquent n'inspirent pas la confiance. Alors le travail n'ayant plus son premier véhicule, diminue dans la proportion où le signe est lui-même par rapport à ce qu'il était avant. L'argent n'étant comme signe ni un besoin, ni une jouissance, mais seulement un moyen de se les procurer, peut être remplacé par un autre signe, si les hommes y prennent confiance. Avec elle un nouveau signe se présente; c'est la monnaie de banque. Par elle on obtient toute l'action de l'argent. Et comme ce signe jouit d'une circulation bien plus rapide que l'autre, son mouvement peut être six fois plus actif.

Cette monnaie de banque ne sera pas sujette à disparaître dans les mêmes circonstances où l'autre signe se cache; car à quoi bon, elle peut toujours être réalisée en argent; elle est si fragile, qu'elle craint l'eau et le feu ; elle est beaucoup plus facile à être volée ; son petit volume la dispose merveilleusement à entrer dans toutes les opérations commerciales ; la confiance est sa mère : si le doute pouvait exister, ce qui est impossible, il vaudrait mieux acheter des marchandises. Par cet effet seul, elle tend à agir quand le signe réel tend à se cacher ; elle est donc plus amie du travail et le provoque sans cesse.

La monnaie de banque, qui est ou peut toujours être en même quantité, suivant les circonstances, entretient toujours, quant à elle et aux fonctions qu'elle remplit, l'agriculture, le commerce et l'industrie au même niveau ; comme elle remplace parfaitement le signe réel, elle rend celui-ci moins nécessaire, et par ce seul fait en maintient l'abondance, ce qui n'aurait pas eu lieu, s'il eût été le seul signe. Elle donne aux gouvernemens des facilités qui leur manqueraient sans cesse s'ils étaient obligés de ne se servir que d'or et d'argent. Par elle, le gouvernement n'a plus besoin de compagnies financières. Il peut toujours payer ponctuellement ceux à qui il doit ; cette ponctualité fait naître la confiance : ainsi la monnaie de banque contribue plus que toute autre cause, à la confiance des peuples dans le Souverain.

Le signe représentatif fictif, ou la monnaie de banque, première cause de la confiance du peuple envers le Souverain, produit, par cela même, un nouvel ordre de choses. Il met le Gouvernement en état d'emprunter tout l'argent dont il peut avoir besoin, sans que, par cet emprunt, il y ait surcharge pour le peuple : car il va s'établir entre le signe réel, l'argent de banque, et le titre résultant de l'emprunt, une nouvelle combinaison d'actions qui fournira au peuple de nouveaux moyens de payer au Souverain des impôts proportionnés aux intérêts dus chaque année pour l'emprunt. Pour que le Souverain puisse recevoir plus d'impôts, sans surcharger son peuple, il faut qu'il y ait plus de productions, par conséquent plus de travail ; mais ce travail ne s'obtient que par un salaire. Il faut donc pour satisfaire à ce salaire plus d'argent, ou que celui existant déjà remue ou circule plus vite. L'emprunt produit cet effet. Le titre donné par le Gouvernement, devient entre les mains du porteur une valeur qui vaut de l'argent, puisqu'il peut toujours la réaliser à volonté. Ce titre concourt donc avec le signe réel et la monnaie de banque, à augmenter le travail général de la nation, par suite, la production et la consommation.

Puisque le titre qu'un gouvernement qui paye bien les intérêts, remet au prêteur, devient par la confiance, un capital qui opère efficacement sur le travail d'un peuple, on ne doit plus être surpris de l'ascendant que l'Angleterre a pris en Europe depuis qu'elle suit ce système, et de l'état de prospérité où est aujourd'hui la France, sous beaucoup de rapports. Tout gouvernement qui sert bien les intérêts d'un emprunt, par cela seul, change le titre qui vient de lui, en un capital qui opère comme l'or, l'argent et la monnaie de banque.

Il est à remarquer que moins un gouvernement à pu emprunter à ses gouvernés, plus l'intérêt de l'argent a été élevé; plus au contraire, un gouvernement a fait d'emprunts, plus l'intérêt a été baissant. On est donc forcé de conclure que chaque emprunt est susceptible de devenir par ses effets une valeur, qui, au besoin, est un nouveau capital circulant à sa manière, et qui agit dans des rapports analogues à ceux de la monnaie réelle.

Plus un gouvernement peut emprunter, plus les propriétés foncières augmentent de valeur. C'est, en général, ce qui est arrivé en Angleterre et en France. Depuis la restauration, toutes les propriétés foncières ont haussé de valeur. A Paris, et dans beaucoup d'autres villes de France, une multitude de maisons nouvelles se sont élevées comme par miracle. Si les emprunts pesaient trop sur les gouvernés, le malaise ferait l'effet contraire. L'or et l'argent réels se resserreraient. Puisque les propriétés haussent dans le même temps que la rente arrive plus près du pair, puisque de nouvelles propriétés foncières s'établissent à Paris dans une proportion inconnue jusqu'à cette époque, ce qui ne peut arriver que par une grande abondance de numéraire ou des valeurs qui en tiennent lieu; on doit convenir que les emprunts agissent comme une nouvelle émission d'or et d'argent

Plus un gouvernement à emprunté, plus les arts, le commerce, l'agriculture et l'industrie ont été florissans. Cet effet ne peut avoir lieu que parce qu'il y a abondance du signe qui favorise le travail. Il faut que son mouvement ait été accéléré par la présence du titre qui est entre les mains des prêteurs. De quelque manière que ce titre agisse, soit en accélérant le mouvement des deux signes représentatifs, soit en le devenant lui-même, il faut encore le regarder comme une nouvelle augmentation de monnaie réelle ou fictive.

Si les arts, le commerce, l'agriculture et l'industrie, augmentent toujours en proportion avec les emprunts; cette augmentation, résultat du travail général qui tend toujours à croître sans cesse, devient la source constante où le Gouvernement peut puiser pour les emprunts successifs dont il a besoin; en telle sorte qu'on peut dire qu'un emprunt n'est que la création du capital qui servira à remplir l'emprunt qui suivra. C'est ainsi que l'Angleterre, qui paye tous les ans les intérêts d'une dette d'environ 18 milliards, se trouve avoir entre les mains des valeurs, avec lesquelles elle peut entrer dans tous les emprunts de l'Europe et satisfaire encore au salaire de son immense industrie. Certes, ce ne sont pas des espèces en or et en argent qu'elle porte dans les emprunts, ce sont des valeurs avec lesquelles elle peut faire de l'or et de l'argent sur chacune des places où elle veut en remettre.

Le Gouvernement, qui fait tout pour mériter la confiance de ses gouvernés, est donc toujours sûr de trouver chez les détenteurs d'inscriptions de rentes déjà créées, des économies annuelles qui viendront toujours s'offrir à chaque nouvel emprunt. Une économie, faite sur le revenu d'un titre qui n'a pour base que la confiance, retourne facilement à sa source, qui est la confiance ; en même temps que le capital de ce titre augmente d'autant la valeur réelle ou fictive du signe représentatif ; les économies, faites chaque année sur le revenu de la rente, tendent à rentrer entre les mains du Gouvernement.

La partie riche d'une nation est celle qui paye le moins au Gouvernement : c'est la masse des petits propriétaires, c'est la masse des prolétaires qui payent le plus d'impôts ; pour que cette dernière classe rapporte, il faut qu'elle travaille. Si elle est sans ouvrage, on est obligé de la nourrir. Alors, non-seulement elle ne produit rien, mais elle est à charge ; car l'argent dépensé pour la nourriture de cette population, qui ne travaille pas, est en pure perte, et se trouve détourné des autres canaux de l'industrie, où il eût été employé avec profit. Le Gouvernement a donc le plus grand intérêt à ce que cette masse de population puisse travailler le plus possible. Pour cela, il faut ouvrir toutes les branches de l'industrie, et le seul moyen qu'on entrevoie, est qu'il y ait constamment le plus d'or, le plus d'argent, le plus de signes représentatifs fictifs, et le plus possible, d'autres valeurs échelonnées les unes sur les autres, qui puissent toujours se réaliser en or ou en argent, à la volonté du propriétaire.

Les manufactures sont des établissemens de longue haleine, et sont en outre, par l'importance de leurs opérations, les grands agents du travail d'une nation. Il faut beaucoup d'argent et de grands sacrifices pour monter une manufacture, et encore plus, pour arriver au moment où les fonds doivent rentrer par le produit des ventes. Il serait difficile d'établir des manufactures dans un pays où l'argent seul serait le véhicule du travail; ou, si on en établissait, on serait bientôt arrêté par les circonstances propres à la nature de l'or et de l'argent, qui sont d'être rares ou abondants.

Si l'or et l'argent deviennent rares, le manufacturier ne pourra plus vendre ses marchandises, ni payer ses ouvriers, il sera obligé de fermer ses ateliers : c'est donc vouloir se ruiner, que d'établir des manufactures dans un pays où il n'y a que de l'argent, où l'intérêt est élevé, et où, faute de l'avoir créé, le crédit public n'est rien. Ainsi l'Angleterre est le pays où il y a le plus de commerce et d'industrie, où l'agriculture est le mieux soignée; ces trois circonstances sont le résultat nécessaire, indispensable des moyens d'escompte que ce pays a su se créer par ses banques de circulation, auxquels sont venus se joindre les effets directs ou indirects du capital de la rente, qui peut toujours intervenir dans les affaires et le travail comme moyen de crédit. La France, depuis la restauration, a été forcée de se jeter aussi dans la carrière des emprunts, et bien qu'elle les ait contractés à des charges trop onéreuses, elle retire aujourd'hui le fruit de la fidélité avec laquelle tous les engagemens ont été exécutés, et les intérêts payés. Son crédit marche sur les traces de celui d'Angleterre; il ne lui manque, pour compléter sa position, que d'augmenter les moyens d'escompte, qui seuls rendent le travail permanent, et un intérêt d'argent moins élevé.

Il est palpable, il tombe sous le sens qu'il y aura dans un pays d'autant plus de dispositions à accorder du crédit au commerce et à l'industrie, qu'il y aura dans ce pays, d'un côté plus de moyens d'escompte, et de l'autre, plus de personnes possédant entre leurs mains des valeurs de crédit. On conçoit que ces valeurs de crédit étant réalisables à volonté, le propriétaire peut toujours se procurer de l'argent; or, cette faculté qui, comme faculté, ne lui rapporte rien, le dispose à accorder confiance à un tiers dans toute affaire raisonnable, et où il trouve d'ailleurs un bénéfice. Je citerai, à l'appui de cette assertion, un exemple à la portée de tout le monde.

Un architecte veut construire une maison dans les nouveaux quartiers de Paris, il n'a point de fonds disponibles, il achète cependant le terrain à un terme plus ou moins éloigné. Cet architecte est connu, on lui accorde du talent dans son art; il jouit d'un bon crédit qu'il doit à son exactitude à remplir ses engagemens; il peut encore contracter à terme pour les matériaux qui lui sont nécessaires, et avec la signature d'un propriétaire de valeurs réelles ou fictives, il fait négocier son papier à la banque, à raison de 4 ou 5 pour cent: le produit lui sert à payer les journées d'ouvriers; il renouvelle ses effets pendant trois ou quatre échéances, il arrive ainsi à l'époque où la maison est susceptible d'être vendue; cet architecte trouve acquéreur à 15 ou 18 pour cent, au-dessus du prix que sa nouvelle construction lui a coûté. Voilà un homme qui aura fait travailler beaucoup de monde; tout ce monde aura gagné autour de lui: le gouvernement aura reçu plus d'impôts, car le travail est ce qui lui en procure le plus; et cet homme, en créant un immeuble, aura procuré à l'état une augmentation de revenu annuel. Cependant, rien de tout cela n'aurait eu lieu, s'il n'y avait eu que de l'argent dans le pays, ou si l'escompte eût été difficile ou incertain. Cet exemple est applicable à toutes les opérations du commerce ou de l'industrie qui peuvent se présenter.

L'on doit m'accorder que l'argent réel ou fictif d'un pays étant la cause de tout travail, plus il y aura d'argent réel ou fictif dans un pays, plus il y aura de travail.

L'argent réel ne peut augmenter que graduellement et insensiblement; l'argent fictif au contraire est d'une nature bien autrement active. Par la rapidité de son mouvement, il est susceptible de se multiplier à l'infini.

La banque de France possède 150,000,000 de capitaux dans ses coffres. Ces 150,000,000, sont représentés par une somme égale en billets. Mais ces billets, par leur nature, peuvent circuler six fois plus vite que l'argent réel chaque jour d'échéance. Je suppose que ces 150,000,000 ont circulé dans toute leur vitesse. Si le fait peut avoir eu lieu, il faudra convenir que ces 150,000,000 en billets auront, dans ce jour d'échéance, agi de la même manière que s'il y avait eu 900 millions d'argent réel en circulation.

Maintenant si l'on considère tous les reviremens d'argent que la Banque de France peut opérer dans une année, d'après cette proportion ou une proportion analogue, on sera surpris de l'immensité d'affaires que cette banque peut faire naître ou entretenir. Nous devons à cette Banque la prospérité que nous éprouvons aujourd'hui. C'est par elle que nous nous sommes libérés de 1,500,000,000 que nous avons payés aux alliés; c'est elle qui alimente notre commerce, notre industrie; c'est par elle enfin que toutes les constructions nouvelles qu'on remarque dans Paris, ont pu avoir lieu. Que serait-ce si, comme en Angleterre, le gouvernement eût employé des moyens plus actifs pour encourager, dans les principales villes départementales de France, l'érection d'établissemens aussi utiles au travail et au commerce qui repose sur son produit? On en ressentirait aujourd'hui les bienfaits, et nos productions, au lieu d'être inaperçues dans tous les marchés du monde auprès du colosse commercial anglais, formeraient une masse imposante. La France, sous les rapports de l'industrie et du commerce, se trouverait déjà dans l'état de prospérité qu'elle doit avoir un jour, si l'administration comprend bien ce qu'il est nécessaire de faire.

Le travail général ne peut exister d'une manière large dans un pays, qu'en raison de la facilité permanente que les hommes qui le dirigent, ont de se procurer de l'argent, et en raison aussi du taux d'intérêt auquel on peut l'obtenir. Si la possibilité de se procurer de l'argent est lente, difficile, incertaine, l'homme raisonnable ne pourra vouloir tenter que des affaires à-peu-près certaines, et dans la marche desquelles il ne croira pas pouvoir être arrêté. D'un autre côté, si l'intérêt est élevé, il faudra que l'affaire qu'il voudra entreprendre soit susceptible de le couvrir de cet intérêt élevé. Dans l'un et l'autre cas, les affaires seront restreintes. Dans un pays au contraire où les signes représentatifs fictifs sont nombreux, et où, par les banques de circulation, on trouve toujours de l'argent à un intérêt modéré, une foule d'affaires se présentent; car il y a vingt affaires possibles, si l'on peut se contenter de gagner 4 ou 5 pour 100, contre une dans laquelle il faudrait espérer trouver de 7 à 10 pour 100, pour l'entreprendre. A plus forte raison, s'il faut gagner 15 ou 20 pour cent comme il y a quinze ans.

Le travail d'une nation étant la seule cause de sa puissance relative, et ce travail ne pouvant avoir lieu que par l'argent réel ou fictif qui le produit, il est de la plus grande importance pour le gouvernement, de tourner la plus grande quantité possible des capitalistes rentiers, qui, aujourd'hui, risquent leur fortune à la Bourse, à devenir par nécessité de grands agens de travail, soit par les capitaux qu'ils y emploieront, soit par le crédit qu'à l'aide de leurs inscriptions, valeur représentative de ces capitaux, ils pourront faire obtenir à ceux qui le font exécuter.

Comme le crédit est l'équivalent de l'argent dans tout pays où l'argent réel ou fictif est abondant, tel homme, propriétaire de 3 pour 100 à 75, ou au pair, pourra accorder sa signature à tel autre homme en qui il aura confiance, moyennant commission ou prime équivalente à 1 1/2 ou 2 pour 100 par an, lesquels joints à ses 3 pour 100, lui produiront de 4 à 5, et même 6, si les 3 pour 100 deviennent au pair. La signature de ce capitaliste rentier donnera à l'effet de commerce le caractère nécessaire à l'escompte.

Pour que la Banque puisse escompter des effets (quand je dis la Banque, je parle aussi des particuliers qui ont de l'argent à placer), il faut que le tireur ait une industrie connue, que sa moralité inspire de la confiance, que l'accepteur et l'endosseur soient dans la même position. Or, le propriétaire d'une inscription de rente est, à cet égard, dans la meilleure situation, puisqu'en admettant le cas où il faudrait qu'il remboursât à l'échéance l'effet endossé, il se trouve toujours avoir en main un titre au moyen duquel il peut faire de l'argent à jour fixe. Le métier d'endosseur a ses dangers comme tout autre, moins cependant que de jouer dans les rentes. Ce danger devient presque nul, si le pays est largement organisé pour l'escompte. Le bas intérêt de l'argent est déjà la moitié de la difficulté levée. Il y a des faillites en Angleterre comme ailleurs; cependant les affaires y sont généralement plus stables qu'en France, ce qui provient de l'action égale et permanente de l'escompte, en d'autres termes, de la plus grande facilité de s'y procurer de l'argent. Lorsqu'en 1818, la Banque de France crut devoir ne plus escompter qu'à deux usances, et que même elle restreignit la quotité des escomptes, elle agit avec la réserve d'un particulier, mais non comme aurait dû agir la Banque de France, si les gérans eussent eu le sentiment du but d'une semblable institution. Il s'ensuivit un grand nombre de faillites dont le commerce souffrit beaucoup et long-temps.

Le pays qui offre le plus de facilités pour trouver de l'argent, et où l'argent est à un intérêt modique, est encore essentiellement le pays où il y a le moins de variations dans le prix de toutes les marchandises et de toutes les denrées territoriales. De-là il résulte plus de fixité dans les opérations commerciales, de l'industrie et de l'agriculture. Il arrive souvent que les variations ou la dégradation du prix des produits territoriaux, sont dues plutôt à ce que les capitaux ont été détournés de la spéculation de ces produits, qu'à ce qu'ils ont augmenté par rapport à l'argent réel ou fictif en circulation. Avant que les capitaux se fussent jetés sur la rente, ils étaient entre les mains de particuliers qui les employaient à acheter des lins, des chanvres, des huiles, des laines, du blé, du fer, etc. On avait même des intérêts dans les établissemens de manufacture. La spéculation des rentes, les grands bénéfices qui ont résulté de leur hausse successive, ont déplacé ces capitaux pour les faire venir à Paris, et les faire entrer dans le jeu de la rente. Les propriétaires de ces produits n'ont plus trouvé leurs acheteurs habituels. Ils ont été forcés de venir les offrir directement aux manufacturiers qui, gênés eux-mêmes par les raisons que je viens de présenter, n'ont pu les acheter qu'au rabais. C'est ainsi que depuis quatre ans tous les produits de la terre se sont dégradés d'année en année, quant au prix qu'ils valaient avant, au point de faire regarder aujourd'hui comme une calamité une année d'abondance. Et cependant qui met le gouvernement en état de toujours bien servir aux capitalistes rentiers les intérêts qui leur sont dus, si ce n'est le travail, si ce n'est l'agriculture, le commerce et l'industrie?

Toutes les opérations de commerce, d'industrie et d'agriculture, se font avec facilité en Angleterre, parce que le pays est organisé pour qu'on puisse trouver facilement de l'argent; aussi voit-on s'effectuer journellement des ventes considérables en denrées, sans que pour cela les prix éprouvent de variations sensibles. On vend à Liverpool, en une semaine, de 15 à 20 mille balles de coton, plus couramment qu'on n'en vendrait mille dans Paris : on se figure que cela tient à la richesse numéraire du pays; mais ce signe est, pour ainsi dire, inaperçu dans toutes les transactions commerciales; s'il en était besoin, il paraîtrait sans doute; mais au moyen de la confiance dont on se trouve si bien dans ce pays, il est, sans exception, remplacé par toutes les valeurs dont se constitue le crédit public.

Il y a des banques de circulation établies dans toutes les villes d'Angleterre où le commerce et l'industrie peuvent les rendre nécessaires; ces banques escomptent des effets à deux ou trois signatures; pourvu que les signataires soient bien famés, ils sont assurés de trouver de l'argent. Chaque homme en Angleterre a une valeur raisonnée et estimée en argent; cela est si vrai, que si vous faites la moindre question sur un individu, tendante à savoir ce qu'il est, on vous répond : *He is worth ten, twenty or forty thousand pounds*, c'est-à-dire, mot à mot : Il vaut 10, 20 ou 40 mille livres sterling, suivant la fortune qu'on lui suppose; on n'entre pas dans d'autres explications. Cette valeur de l'individu est toujours estimée d'après son état, les propriétés qu'il peut avoir, mais surtout suivant qu'on le connaît pour être porteur de titre de rente sur l'état. Ce titre étant de toutes les propriétés, celle qu'on peut réaliser le plus aisément, se trouve par cela même celle qui donne le plus de moyen de crédit à l'individu qui le possède; aussi voit-on constamment les fonds passer d'une main dans une autre, suivant la position relative de chacun. On entre dans les fonds pour un mois, pour un an; on vend, on rachète; on ne sait pas en Angleterre ce que c'est que de la rente classée; on travaille avec le crédit que donne ce titre, ou on travaille avec le capital, suivant la nature d'affaires qu'on entreprend.

J'ai dû faire connaître la série des principes généraux du crédit public, pour pouvoir expliquer les faits que tout le monde avait sous les yeux, peut-être sans s'en rendre compte. Les miracles du crédit public qui se sont opérés depuis 1814, ont dû étonner; personne ne s'attendait à voir une cause de prospérité dans des événemens qui devaient faire redouter une destruction générale de toutes les fortunes particulières. Cependant, ce qui est arrivé n'est que la conséquence naturelle des principes que je viens d'énoncer, en y ajoutant la confiance née de l'exactitude et de la bonne foi avec lesquelles les engagemens ont été remplis depuis l'heureuse restauration de la famille de nos rois.

Il me reste maintenant à examiner ce qui doit résulter du projet de remboursement de M. le ministre des finances, en ce qu'il a rapport avec les grands intérêts du commerce, de l'industrie et de l'agriculture. Dans cet examen, je m'étayerai des principes que j'ai posés pour arriver à la conséquence de leurs résultats.

Le travail est tout, l'argent seul le produit. Le billet de banque pouvant sextupler le numéraire en dépôt, et forcer le numéraire qui circule dans un pays, à être toujours actif, par cela seul qu'on peut s'en passer, il donne au travail toute l'extension qu'il est susceptible de prendre.

L'inscription agissant de son côté comme moyen de confiance, et pour ainsi dire comme billet de banque portant intérêt, augmente singulièrement, par cette faculté qui lui est propre, les moyens de se procurer de l'argent. Pour que l'inscription agisse, il faut que le porteur soit dans la nécessité de travailler pour améliorer sa position; si l'intérêt qu'il reçoit est assez élevé pour qu'il puisse vivre sans rien faire, la valeur active de l'inscription est paralysée; elle rentre dans la situation de l'argent qu'on ne fait pas produire, c'est un trésor enfoui. Si l'inscription agit, indépendamment du revenu, elle produit toute l'action de son capital. Que faut-il, pour qu'elle agisse avec le moins de danger possible? que l'escompte soit permanent, facile, et à un taux modique.

On a vu que le porteur d'inscriptions doit être, par nature, l'homme le plus à portée de négocier son papier, puisqu'en cas de remboursement, il n'y a point de marchandises ni de valeurs qui puissent se réaliser aussi facilement que son titre. Le porteur d'inscriptions, qui doit désormais recevoir moins d'intérêt, est donc dans la nécessité d'augmenter son revenu par les opérations qui découlent de la nature de son titre. De-là, plus d'affaires, et augmentation de travail.

Si, au lieu du remboursement projeté, le ministre eût laissé subsister l'inscription à 5 pour cent, comme l'auraient voulu les capitalistes, il est probable, et l'on s'y attendait, que la rente aurait atteint le cours de 120 à 125 fr., ce qui aurait permis d'emprunter au taux auquel la réduction va s'opérer, c'est-à-dire à 4 pour cent; mais le but d'intérêt général était manqué, on aurait toujours regardé cet état de choses comme transitoire. Cette opinion n'eût pas manqué de donner lieu à des fluctuations continuelles dans le cours de la rente. La dénomination de 5 pour cent serait restée, et aurait d'autant maintenu le capitaliste dans l'idée, que l'intérêt de l'argent doit toujours être 5 pour cent, tandis que, par la mesure, il doit s'accoutumer à celle que l'intérêt ne doit plus être qu'à 3 pour cent.

On doit encore considérer l'opportunité de la circonstance où le ministère se trouvait pour effectuer ce remboursement. L'Angleterre venait de réduire le taux de l'intérêt. On ne dira pas que ce gouvernement ait agi illégalement; car ce gouvernement, appuyé sur la confiance, n'agit jamais sous le rapport de crédit public que d'une manière conforme à la justice et à la morale; or, ce qui est juste et moral pour le ministère anglais, l'est également pour le ministère français. La réduction qui s'est faite en Angleterre sans opposition, aurait porté nos 5 pour cent à 120, ou à 125 fr.; était-il raisonnable que cette augmentation tournât seule au profit des porteurs d'inscriptions de la rente française, et que notre gouvernement ne cherchât pas à obtenir un dégrèvement au profit des contribuables.

Le ministre devait encore considérer qu'il pouvait arriver telles circonstances où des emprums deviendraient nécessaires. Les aurait-il proposés à 3 ou à 4 p. cent? alors même, ces emprunts auraient fait tomber le taux des 5 p. cent, dont le cours devait toujours diriger celui des nouveaux emprunts, parce que l'on doit plutôt croire qu'un effet qui est au-dessus de son pair, baissera, qu'un autre effet qui ne l'a pas encore atteint.

Il eût été aussi plus difficile de diminuer le taux de l'escompte des effets de commerce, et j'ai démontré plus haut l'influence de l'intérêt modéré sur le travail en général.

Autant que j'en puis juger par le rapport lu à la Chambre, et ce qui a été dit par les journaux, je vois que le ministre veut rembourser le capital des 140,000,000 fr. de rentes mobilisées à raison de 100 fr. par chaque 5 fr. de rente, en échangeant le titre de celle-ci contre des inscriptions à 3 p. cent à raison de 75 fr., ou en payant à ceux à qui cet échange ne conviendrait pas, le montant intégral du capital à raison de 100 fr. Ainsi voilà d'un côté le capitaliste qui serait mécontent de la réduction de son intérêt à 4, qui peut recevoir le montant intégral de son inscription; de l'autre côté, le capitaliste qui a consenti à cette réduction, propriétaire d'une inscription à 3 p. cent;

mais qui lui est donné à raison de 75 fr., au lieu de 100 fr. qu'elle vaudrait s'il la recevait au pair; je regarde la position de ce dernier capitaliste beaucoup meilleure que celle du premier; car il a pour lui toutes les chances de hausse qui amélioreront encore son capital; tandis que celui qui se fera rembourser, ou qui aura réalisé son capital, aura plus de difficulté qu'il ne pense pour trouver un nouveau placement. Déjà la valeur des propriétés a augmenté sensiblement à Paris et dans les départemens voisins; il n'est pas douteux que cette hausse ne soit générale en France; d'ailleurs le produit des terres est moins certain que celui de la rente.

Je ne puis ni ne dois calculer sur les chances de non-succès de cette opération, parce que je dois supposer que le ministre connaît et apprécie les moyens qu'il veut employer, puisqu'il l'a entreprise. Je ne puis donc raisonner que sous le rapport des avantages, qui, dans mon opinion, en peuvent résulter.

Si le remboursement a lieu, ou la rente 3 p. cent restera à 75 fr., ou elle ira au-dessous, ou bien elle montera vers son pair. Si la rente reste stationnaire à 75 fr., le capitaliste-rentier est dans la même position que celui qui aurait acheté les 5 p. cent à raison de 120 fr. Il y a un mois que tous les capitalistes trouvaient que la rente à ce taux n'était pas trop chère; mais il est vrai que les 20 fr. de plus-value sur le capital ne contribuaient pas peu à leur faire trouver toute naturelle cette augmentation, et toute naturelle aussi la diminution de l'intérêt, qui s'ensuivait pour ceux qui auraient acheté à ce taux : les capitalistes ue veulent pas voir qu'à 120 fr. la rente aurait souvent éprouvé des oscillations funestes de 5 à 100 par 10 fr., tandis que les 3 p. cent à 75, ont plutôt une tendance à monter vers le pair, qu'à rester au-dessous du prix auquel le gouvernement les livre dans le public.

Suivant toutes les probabilités, la rente ne viendra pas au-dessous de 75 fr.; et si elle y venait, ce qui ne serait que pour peu de temps, on verrait cette baisse même servir à la faire hausser, car c'est le propre de la baisse de toujours produire la hausse. Il est indubitable que les capitalistes qui, par humeur, et faute de comprendre leur intérêt, seraient sortis de la rente, y rentreraient aussitôt, et par cela seul contribueraient à la faire monter beaucoup. On jouera sur les 3 pour 100 comme on a joué sur les 5 pour 100, et tout jeu sur la rente amène une hausse. Ce n'est pas quand les fonds en Angleterre sont à 102, que l'argent sera détourné des fonds français pour aller s'y colloquer.

La preuve la plus convaincante de l'opinion de la hausse des 3 pour 100, se démontre sans réplique par la chèreté du report.

Le report se fait à la hausse comme à la baisse, c'est-à-dire, que le spéculateur veut se replacer pour le courant du mois qui va suivre, dans la même position où il est à la fin du mois où il termine sa liquidation. S'il joue la baisse, il achète en liquidation, et revend fin du mois suivant ; au contraire, s'il joue la hausse, il vend en liquidation et rachète fin du mois, afin de profiter des chances de hausse qui peuvent se présenter, l'intérêt de 5 pour 100 ne donnant par mois que 41 2/3 c. Si le spéculateur consent à payer son report 1 fr. ou 1 fr. 50 c., c'est qu'il attend la hausse pour le couvrir de cet intérêt énorme. Or, comme je n'ai jamais vu le report aussi élevé, je ne puis expliquer ce prix excessif que par l'idée générale qu'une hausse très forte doit suivre.

D'après toutes ces raisons, il me paraît impossible que les 3 pour 100 à 75 ne prennent pas faveur sur-le-champ ; tout le monde doit le désirer, l'état des choses y pousse. Dans ce cas, la diminution du taux de l'escompte, qui me paraît si importante à obtenir dans l'intérêt du commerce et de l'industrie, arrive par la force des circonstances.

Il ne manque pas de personnes qui soient opposées au projet de remboursement dont on vient de parler. Je n'ai pas vu jusqu'ici qu'on ait encore examiné la question sous le point de vue que j'ai cru devoir envisager. J'ai donné mes raisons en les appuyant sur les principes du crédit public, tels qu'on les entend en Angleterre ; on s'est contenté de dire que la mesure ne favoriserait ni le commerce ni l'industrie; mais cette assertion est vague et n'est appuyée sur aucun raisonnement solide.

On attaque surtout le projet de remboursement, sur ce que le gouvernement va contracter une dette de 3,733,333,333 fr., pour une somme de 2,800,000,000 qu'il aura éteinte; ce qui fait une différence de 9,33,333,333 fr. Au premier coup-d'œil, il semble que l'État va être surchargé gratuitement de cette dernière somme. On en prend occasion de dire au ministre, si un jour on est dans le cas de rembourser les 3 pour 100, comme vous le faites aujourd'hui des 5 pour 100, il faudra payer cet énorme capital, dont vous grevez l'État en pure perte. Ce point d'attaque ne me paraît pas difficile à défendre, ou la réalisation du projet du Ministre produira les heureux effets qu'il en attend, savoir :

1°. Une réduction de 28,000,000 sur l'intérêt annuel à payer;

2°. Le taux réel de la rente à 3 pour cent;

3°. La facilité pour le commerce et l'industrie de se procurer de l'argent à un intérêt relatif;

4°. L'augmentation de valeur des propriétés foncières, ou bien la rente restera à 75.

Dans le premier cas, qui supposerait que les finances seraient arrivées à un état de prospérité qui permît de faire pour les 3 pour 100 ce qu'on veut exécuter pour les 5 pour 100, comment blâmer le gouvernement qui représente tous les contribuables, de vouloir profiter de la circonstance et de l'impulsion irrésistible qui portaient la rente à 120 ou 125 pour 100, pour obtenir en ce moment la réduction d'un cinquième de l'intérêt, en laissant encore aux capitalistes la chance d'une augmentation de capital de 33 pour 100, qui, si elle se réalise, prouvera sans réplique que le gouvernement a eu raison d'user du droit que tout débiteur a de se liquider quand il le peut.

D'ailleurs, l'État ne se trouverait-il pas alors déjà nanti d'une partie des rentes rachetées dans l'intervale par la caisse d'amortissement, qui, les ayant achetées au cours, n'aurait pas payé le capital intégral de ces rentes? Viendraient encore en compensation de l'excédant du capital à rembourser, les 28 millions de fr. de réduction d'intérêt annuel, plus les intérêts et progression d'intérêts de ces 28 millions.

Dans le second cas, la rente restant à 75 ou audessous, il n'y aura pas lieu à rembourser, et alors cette surcharge apparente de capital n'aura pas l'inconvénient que l'on redoute, et ne peut, en aucune manière, être nuisible aux intérêts de l'état; restera toujours l'avantage de payer, par an 28 millions de moins.

Il n'est donc pas raisonnable de blâmer le gouvernement, parce qu'il profite d'un droit qui est utile à l'État, en le dégrèvant de 28 millions; de le blâmer encore lorsqu'il laisse au porteur d'inscriptions une chance, probable sans doute, mais plus ou moins éloignée, d'une augmentation de capital; car il est évident que ce capital est aujourd'hui de 100 fr., et que si les 3 pour cent à 75 viennent au pair, il y aura encore 33 fr. de bénéfice pour le porteur d'inscriptions.

C'est surtout pour répondre à l'objection que les antagonistes du projet élèvent contre les 933,333,333 de capital excédant, que j'ai cru devoir établir les principes des grands auteurs sur le crédit public. L'on doit se rappeler que l'inscription peut opérer comme signe représentatif fictif rapportant intérêt. D'après cela, est-il juste de s'élever contre une mesure qui tend à donner une plus grande activité au travail général du pays?

En résumé, on ne peut se dissimuler que la mesure proposée, froissera beaucoup d'intérêts particuliers; c'est un malheur, grand sans doute, qu'on ne puisse faire le bien sans que ce bien ne nuise à quelqu'un. Mais le Ministre a-t-il dû être arrêté par cette considération devant l'intérêt général, bien autrement puissant? On ne peut s'empêcher de regretter de ne pas trouver dans la mesure une exception en faveur de cette classe de rentiers qui a déjà éprouvé sur la rente une diminution de 2/3, et qui a bien le droit de dire, ce n'est pas 100 fr. que j'ai donnés pour les 5 fr. de rente que vous me remboursez, mais 300 fr.; car vous ne pouvez m'imputer le remboursement dérisoire des deux tiers qui m'a été fait. Vous ne pouvez donc me forcer à accepter ou consentir à la réduction du cinquième de ma rente. Les raisons alléguées par M. le Rapporteur de la commission, pour ne pas faire d'exception en faveur de cette classe de rentiers, ne sont pas sans réplique. Rien en effet ne serait plus facile que de remonter à l'origine de la rente primitivement inscrite, et de distinguer, d'après la date de possession des rentes originaires, ceux qui peuvent entrer dans l'exception. Mais si cette classe de rentiers, qui est très peu nombreuse, peut justement se plaindre, que peut avoir à objecter la grande majorité des autres rentiers, qui ont acheté des rentes, depuis 10 fr. jusqu'à 100 fr., et en touchent exactement les arrérages depuis vingt-cinq ans. Quelle classe d'hommes en France a fait d'aussi grands bénéfices !

Si la rente des 3 pour 100 à 75 francs arrive au pair, c'est-à-dire à 100 fr., le capitaliste ou porteur de l'inscription nouvelle aura augmenté son capital de 33 pour 100; dira-t-on, comme on a déjà fait dans quelques journaux. On accroît toujours le capital, et la rente diminue sans cesse. Le rentier ne vit pas de son capital, mais du revenu qu'il peut lui faire rapporter. Cela est vrai. Mais que le capitaliste aide l'industrie, et l'industrie le fera participer à ses bénéfices ; il n'y a pas de nécessité que, pour qu'il retire un intérêt élevé, l'État reste surchargé, quand l'abondance des capitaux, qui affluent de toutes parts, le met à même de se libérer. Il arrive aujourd'hui pour la rente, ce que nous voyons journellement arriver en commerce pour les marchandises ; quand l'argent est plus abondant que ne l'est la marchandise, il faut donner plus d'argent pour avoir moins. L'argent se trouve abondant, par rapport à la rente ; il en résulte donc nécessairement qu'il faut réduire l'intérêt à un taux proportionné à la quantité d'argent qui se porte dans la rente. Et le Ministre n'eût-il pas été coupable, s'il eût négligé de profiter de cette circonstance.

Si j'ai prouvé que par le remboursement projeté, le rentier peut arriver à une augmentation de capital de 33 pour 100, et en travaillant avec le crédit de son inscription, augmenter de 1 1/2 à 2 pour 100, le revenu qui lui restera; que l'Etat fait un bénéfice annuel de 28 millions; que le taux de l'escompte sera diminuée.

Que l'augmentation de la dette nominale ne peut dans aucun cas être préjudiciable; qu'il doit au contraire en résulter un grand avantage pour l'agriculture et les branches industrielles; j'aurai prouvé qu'il est dans l'intérêt général que le projet se réalise. Les intérêts particuliers qu'il peut blesser, ne pouvant être mis dans la balance avec les grands motifs d'intérêts généraux; par conséquent j'aurai prouvé que le remboursement est moral, rien n'étant plus moral dans un gouvernement que de faire le bien de la masse des gouvernés.

Quant à la légalité, je ne prétends pas approfondir cette question, je dirai seulement que d'après notre législation, tout débiteur a droit de se liquider; que même la loi ne connaît plus de rentes non-rachetables, si même la condition en a été stipulée. Que de plus, les anciens contrats de constitution de rente qui se passaient pardevant notaires, exprimaient que la rente qu'ils dénommaient rente perpétuelle, était *rachetable à toujours.*

Pour ce qui a rapport au mot *consolidé*, sur lequel on se fonde pour prétendre que la rente n'est pas remboursable, nous l'avons emprunté des Anglais, qui ne lui donnent nullement cette interprétation, puisqu'ils viennent de faire une réduction semblable à celle qu'on propose. Ce mot vient de ce que le gouvernement anglais, lorsqu'il fait un emprunt, assigne d'un côté sur l'impôt qu'il crée à cet effet, les fonds qui doivent en servir les intérêts; tandis que, de l'autre, l'on applique à la caisse d'amortissement une partie de ce même impôt pour amortir le capital. De cette manière, la rente est *consolidée.*

Imprimerie Anth^e. BOUCHER, rue des Bons-Enfans, n°. 34.

www.ingramcontent.com/pod-product-compliance
Ingram Content Group UK Ltd.
Pitfield, Milton Keynes, MK11 3LW, UK
UKHW020500230726
13925UKWH00005B/2053